Coleção Eu gosto m@is

Educação Musical

Volume 4 — Ensino Fundamental

Marta Deckert

Mestre em Educação (UFPR), especialista em Educação Musical e Regência de Coro Infantojuvenil (Escola de Música e Belas Artes do Paraná – Embap), bacharel em Música (Embap), licenciada em Ciências Biológicas (Unoesc). Atua como professora na área de Educação Musical na Educação Infantil, no Ensino Fundamental e no Ensino Superior. Possui publicações de livros e artigos na área. Ministra palestras, cursos e oficinas para professores especialistas e não especialistas na área de música.

1ª edição
São Paulo
2013

COLEÇÃO EU GOSTO M@IS
Educação Musical – Volume 4
© IBEP, 2013

Diretor superintendente	Jorge Yunes
Diretora adjunta editorial	Célia de Assis
Assessora pedagógica	Valdeci Loch
Editores	Kelle Cristine da Silva
	Ricardo Soares
Revisão técnica	Juliana Gardusi
	Hélcio Hirao
	José Eduardo Bracco
Revisão	Juliana Bassichetti
	Lucy Myrian Chá
	Karina Danza
	Maria L. Favret
	Lucia Helena Ferreira
Coordenadora de arte	Karina Monteiro
Assistentes de arte	Marilia Vilela
	Nane Carvalho
Coordenadora de iconografia	Maria do Céu Pires Passuello
	Ana Claudia Dias
Assistentes de iconografia	Adriana Neves
	Simone da Costa Silva
	Wilson de Castilho
Produção gráfica	José Antônio Ferraz
Assistente de produção gráfica	Eliane M. M. Ferreira
Projeto gráfico	APIS – Design integrado
Diagramação	SG-Amarante Editorial
Ilustrações	Silmara Takazaki Egg
	Cide Gomes
Capa	APIS – Design integrado

CIP-BRASIL. CATALOGAÇÃO NA PUBLICAÇÃO
SINDICATO NACIONAL DOS EDITORES DE LIVROS, RJ

D348e

Deckert, Marta
 Eu gosto m@is Educação Musical Volume 4 / Marta Deckert. - 1. ed. - São Paulo : IBEP, 2013.
 48 p. : il. ; 28 cm. (Eu gosto m@is)

 ISBN 9788534237109 (mestre) / 9788534237055 (aluno)

 1. Música - Instrução e estudo (Ensino Fundamental). 2. Música na educação. I. Título. II. Série.

13-04099   CDD: 780.7
                                      CDU: 78(07)

15/08/2013   16/08/2013

1ª edição – São Paulo – 2013
Todos os direitos reservados

Av. Alexandre Mackenzie, 619 – Jaguaré
São Paulo – SP – 05322-000 – Brasil – Tel.: (11) 2799-7799
www.ibep-nacional.com.br   editoras@ibep-nacional.com.br

Impresso na Gráfica FTD

APRESENTAÇÃO

Querido aluno, querida aluna,

A música é uma das formas mais importantes de expressão humana, de discurso e de comunicação. Todos os povos possuem música presente em sua história cultural, em seu cotidiano, enfim, à sua volta.

O presente livro, seu companheiro nessa etapa, além de trabalhar com aspectos da escrita musical, traz a história da música popular brasileira, desde o período colonial até os nossos dias. A modinha, o lundu, o choro, o samba, a bossa-nova, a jovem guarda, a tropicália, o *rock* brasileiro, a axé *music*, a música sertaneja, o *rap*, a música eletrônica são movimentos musicais que aparecerão no desenrolar da história.

Vamos juntos conhecer o mundo dos sons, o mundo da nossa música popular brasileira...

Bom trabalho!

A AUTORA

SUMÁRIO

LIÇÃO		PÁGINA
1	Os diferentes meios de expressão	5
2	Notação musical: história e evolução	7
3	Revisando...	11
4	Os sons na pauta: o que eles representam?	12
5	Música popular brasileira: período colonial	14
6	Instrumentos do lundu	17
7	Revisando...	18
8	As claves	20
9	Música popular brasileira: choro	23
10	As notas na clave de sol	28
11	Música popular brasileira: samba	33
12	Instrumentos musicais: leitura na clave de sol	36
13	Música popular brasileira: bossa-nova	39
14	Figuras de valor: silêncio	42
15	Música popular brasileira: década de 1960 até os nossos dias	44
	Referências	48
	Sugestões de leitura	48

LIÇÃO 1

Os diferentes meios de expressão

Quando queremos nos comunicar com as outras pessoas, utilizamos diferentes formas: palavras ou frases, gestos, figuras, desenhos ou fotos, números ou fórmulas matemáticas etc.

A música é uma forma de comunicação que utiliza o **som** como meio de expressão.

Ao longo do tempo, os compositores procuraram, por meio do som, diferentes formas para expressar aos ouvintes o que queriam dizer. Para isso, utilizaram e exploraram os sons dos instrumentos musicais, **timbre**; as diferentes maneiras de combinar sons, **harmonia**; os jeitos diferentes de "construir" a música, **forma**, e muitas outras combinações que deram origem a inúmeras músicas e estilos musicais.

Essas combinações variaram no decorrer do tempo. Em 1600, por exemplo, eram utilizados elementos diferentes do que hoje os compositores usam para fazer as suas músicas. A música popular, a música folclórica ou regional de um país tem as suas próprias características: ritmo, instrumentos, harmonia etc.

Mas os compositores estão sempre à procura de diferentes meios para se expressar pelo som. Nós, ouvintes, vivenciamos a música e sentimos o que ela quer nos dizer.

1. Ouça a música *O trenzinho do caipira*, de Heitor Villa-Lobos, e perceba qual é o tema da música e que elemento musical o compositor utilizou. Represente o tema, por meio de um desenho, no espaço a seguir.

2 Desenhe diferentes formas utilizadas para expressar uma ideia, um fato, um acontecimento etc.

Matemática

Arquitetura

Artes plásticas

História em quadrinhos

Música

Poesia

LIÇÃO 1

LIÇÃO 2

Notação musical: história e evolução

Na história da humanidade, é possível encontrar registros de que as pessoas sempre estiveram envolvidas com a música de alguma forma: para se comunicar com outro grupo de pessoas em festas e comemorações, em acontecimentos sociais ou religiosos e em muitos outros eventos.

Mas a música nem sempre teve um registro, uma escrita com notações como conhecemos hoje. As pessoas ensinavam e aprendiam umas com as outras, sem necessariamente terem um registro, ou uma escrita musical.

Com o passar do tempo, as pessoas sentiram a necessidade de registrar a música que faziam e, ainda mais, de indicar para outros músicos como eles deveriam cantá-la ou tocá-la. Então, na Idade Média (por volta do ano de 800) surgiram as primeiras notações musicais, chamadas de **neumas**, que serviram para registrar o canto gregoriano, usado nas igrejas da época. Os neumas apenas indicavam a direção do som e não uma leitura exata como conhecemos hoje.

Os neumas eram muito utilizados no canto gregoriano.

Algum tempo depois do surgimento dos neumas, um teórico chamado **Guido D'Arezzo** colocou-os sobre um sistema de quatro linhas. Os livros de canto gregoriano até hoje conservam a notação sobre essas quatro linhas.

Muitos teóricos antigos combinaram várias linhas, experimentando como deveria ser uma pauta para escrever notas musicais, e chegaram a colocar as notas numa pauta de onze linhas e dez espaços. Mas ler música em uma pauta de onze linhas não é nada fácil, então, consolidou-se o uso da pauta ou pentagrama com cinco linhas e quatro espaços.

Pauta ou **pentagrama** é o conjunto de cinco linhas e quatro espaços em que são escritos os sons que chamamos de **notas**.

Pauta ou pentagrama.

Na pauta ou pentagrama, nós contamos as linhas de baixo para cima, chamando-as de 1ª linha, 1º espaço, 2ª linha, 2º espaço, e assim será até o 4º espaço e a 5ª linha.

```
5ª linha ─────────────────────────
                                    4º espaço
4ª linha ─────────────────────────
                                    3º espaço
3ª linha ─────────────────────────
                                    2º espaço
2ª linha ─────────────────────────
                                    1º espaço
1ª linha ─────────────────────────
```

Para registrar a música na pauta ou pentagrama, precisamos saber os sinais usados para representar a altura dos sons, o tempo de duração de cada som, a pulsação e o compasso escolhido pelo compositor, se há modificações na entoação de uma nota – as alterações –, e muitos outros elementos musicais.

Adaptado de Elce Pannain. *Evolução da teoria musical*. 1 ed. São Paulo: Ricordi, 1975.

1 De acordo com o texto que você leu, assinale as alternativas, a seguir, com **V** (verdadeira) e **F** (falsa).

a) ☐ É possível encontrar evidências de que, de alguma forma, as pessoas sempre estiveram envolvidas com a música.

b) ☐ Apenas a dança estava presente em comemorações, festas e acontecimentos sociais.

c) ☐ Os povos sempre usaram a música como uma forma de comunicação.

d) ☐ A música sempre teve uma notação musical como conhecemos hoje.

e) ☐ As primeira notações musicais surgiram nos dias atuais.

f) ☐ Os neumas indicavam a direção do som e não uma leitura exata como conhecemos hoje.

g) ☐ Guido D'Arezzo colocou os neumas num sistema de quatro linhas.

h) ☐ O canto gregoriano conserva até hoje a escrita em quatro linhas.

i) ☐ Muitos teóricos experimentaram colocar várias linhas na pauta, chegando à utilização de quinze linhas e treze espaços.

j) ☐ Pauta ou pentagrama é o conjunto de cinco linhas e quatro espaços em que são escritos os sons que chamamos de notas.

k) ☐ Utilizamos a pauta para representar o som: a altura, o ritmo, a pulsação, o compasso etc.

LIÇÃO 2

2 A pauta ou pentagrama tem uma semelhança com a nossa mão: temos cinco dedos, a pauta tem cinco linhas; entre os dedos temos quatro espaços, a pauta também. Desenhe sua mão fazendo a correspondência com a pauta ou pentagrama.

3 Observe a pauta a seguir. Numere corretamente os espaços e as linhas. Depois, pinte os espaços e as linhas de cores diferentes.

4 Ditado na pauta. O professor irá ditar algumas notas e as mesmas deverão ser escritas na pauta: no espaço ou na linha.

5 Observe as notas nos espaços e nas linhas. Pinte da mesma cor as notas que têm a mesma localização.

LIÇÃO 2

Revisando...

1  Na pauta escrevemos notas musicais que representam a altura dos sons. Quando nos referimos à altura, falamos de sons graves e agudos. Você irá ouvir dois sons para cada item e registrar a altura deles, utilize **G** para grave e **A** para agudo.

a) | 1 | 2 |

b) | 1 | 2 |

c) | 1 | 2 |

d) | 1 | 2 |

e) | 1 | 2 |

f) | 1 | 2 |

2 Você irá ouvir uma sequência de quatro sons para cada item da atividade. Identifique, em cada sequência ouvida, o som mais agudo e pinte-o.

a)

b)

c)

d)

e)

Os sons na pauta: o que eles representam?

Quando os primeiros teóricos começaram a desenvolver a escrita musical, perceberam que seria importante haver sinais que representassem a altura e a duração dos sons musicais.

A altura do som se refere a sons mais graves ou mais agudos. Temos muitos e muitos sons e, por isso, ficou estabelecido que aqueles escritos nas primeiras linhas da pauta ou abaixo delas são os sons **graves**. Quanto mais subimos e escrevemos as notas na parte superior da pauta, mais **agudo** será o som.

1 Imagine que você é um teórico da música. Você ouvirá dois sons. Estabeleça o lugar deles nas pautas a seguir, escrevendo-os no espaço ou na linha, conforme a posição dos sons graves e dos agudos.

a)

b)

c)

d)

e)

f)

VAMOS CONSTRUIR

2 **Experiência musical:** traga latas de tamanhos diferentes, desde as bem grandes até as bem pequenas. Vamos organizá-las por ordem de tamanho. Experimente o som em cada uma delas.
Responda: há diferença de som entre elas? Quais são?

_____

_____

3 Ditado de sons. O professor vai escolher duas latas: uma grande e uma pequena. A seguir, escreva na pauta os sons que você ouviu. Lembre-se onde ficam os sons graves e os sons agudos.

a)

b)

c)

d)

e)

f)

LIÇÃO 5

Música popular brasileira: período colonial

Partitura da modinha *Se Márcia visse os encantos*, de José de Souza Aragão, o Cazuzinha, compositor baiano da segunda metade do século XIX.

No início da colonização do Brasil, do século XVI até o século XVIII, muitas pessoas vieram morar aqui, vindas principalmente de Portugal. Trouxeram consigo costumes, histórias, lendas e também a música. Imagine se hoje você fosse morar em outro país, o que você levaria do Brasil? Certamente, traços da culinária brasileira, da nossa música, da língua, dos programas de televisão e muito mais. E foi exatamente isso que aconteceu com as pessoas que vieram morar no nosso país.

Na música, houve uma mistura de diferentes sons e estilos: as cantigas populares, os sons de origem africana, as fanfarras militares, as músicas religiosas, as músicas eruditas europeias e as músicas dos indígenas com seus típicos cantos e sons. Assim, começou a história da música popular brasileira.

No período colonial, dois ritmos musicais marcaram a história da música popular brasileira: a modinha e o lundu.

A **modinha** foi assim chamada para diferenciar-se da moda portuguesa. Era uma música suave, romântica, chorosa, composta geralmente em duas partes. O primeiro compositor popular a destacar-se foi Joaquim Manoel da Câmara, conhecido como Joaquim Manoel. Mas temos nomes como Cândido José de Araújo Viana, o Marquês da Sapucaí, Cândido Inácio da Silva, Quintiliano da Cunha Freitas, Lino José Nunes e muitos outros.

Dança Lundu. Johann Moritz Rugendas. Século XIX.

O **lundu**, de origem africana, possui um caráter sensual e uma batida rítmica dançante. Originalmente era uma dança praticada por negros e mulatos em rodas de batuque e só tomou forma de canção no final do século XVIII. Praticamente todos os compositores que fizeram modinha também escreveram lundu. Ainda hoje, encontramos grupos de música e dança que se dedicam a esse ritmo.

Adaptado de Jairo Severiano. *Uma história da música popular brasileira*. São Paulo: Editora 34, 2013.

1 Complete as afirmação de acordo com o texto, depois, procure-as no caça-palavras.

a) Os dois primeiros gêneros de música que apareceram na história da música popular brasileira foram a _____ e o _____.

b) A modinha é de origem _____.

c) A modinha era uma música suave, _____, _____, composta geralmente em duas partes.

d) O lundu é de origem _____.

e) O lundu possui um caráter _____ e uma batida dançante. Era originalmente uma _____.

L	B	T	A	A	Q	Z	O	A	Q	W	R
I	A	F	R	I	C	A	N	A	E	P	E
D	R	E	R	X	R	U	A	X	R	O	S
A	S	D	G	G	A	H	S	G	A	R	A
N	Q	M	M	O	D	I	N	H	A	T	T
Ç	D	F	H	P	S	K	U	P	S	U	Y
A	O	R	Y	G	E	O	J	G	E	G	R
N	C	H	O	R	O	S	A	B	X	U	T
T	B	T	A	A	Q	Z	O	A	Q	E	R
E	M	N	E	L	E	I	R	L	E	S	E
P	L	U	N	D	U	V	A	X	R	A	S
R	S	D	G	G	A	H	S	G	A	I	A
Á	Q	R	O	M	Â	N	T	I	C	A	T
E	D	F	H	P	S	K	U	P	S	A	Y
P	O	R	Y	G	S	E	N	S	U	A	L
D	A	F	X	A	X	L	S	B	X	D	T

15

VAMOS PESQUISAR

2 Pesquise em *sites* de busca da internet.

a) Quais são os instrumentos utilizados pelos grupos de lundu?

_____
_____
_____

b) Cite o nome de alguns compositores de modinha:

_____
_____
_____

c) Em sua cidade, estado ou região, é possível observar manifestações do lundu? Em caso positivo, descreva-as:

_____
_____
_____
_____

d) Se em sua região não é possível encontrar manifestações do lundu, em quais lugares podemos encontrá-las?

_____
_____
_____
_____

e) Cite o nome de algumas músicas de lundu:

_____
_____
_____
_____

LIÇÃO 6

Instrumentos do lundu

Quando ouvimos uma música com ritmo lundu, podemos reconhecer os sons dos seguintes instrumentos: rabeca (violino), clarinete (ou flauta doce), reco-reco, ganzá, maracas, banjo e cavaquinho.

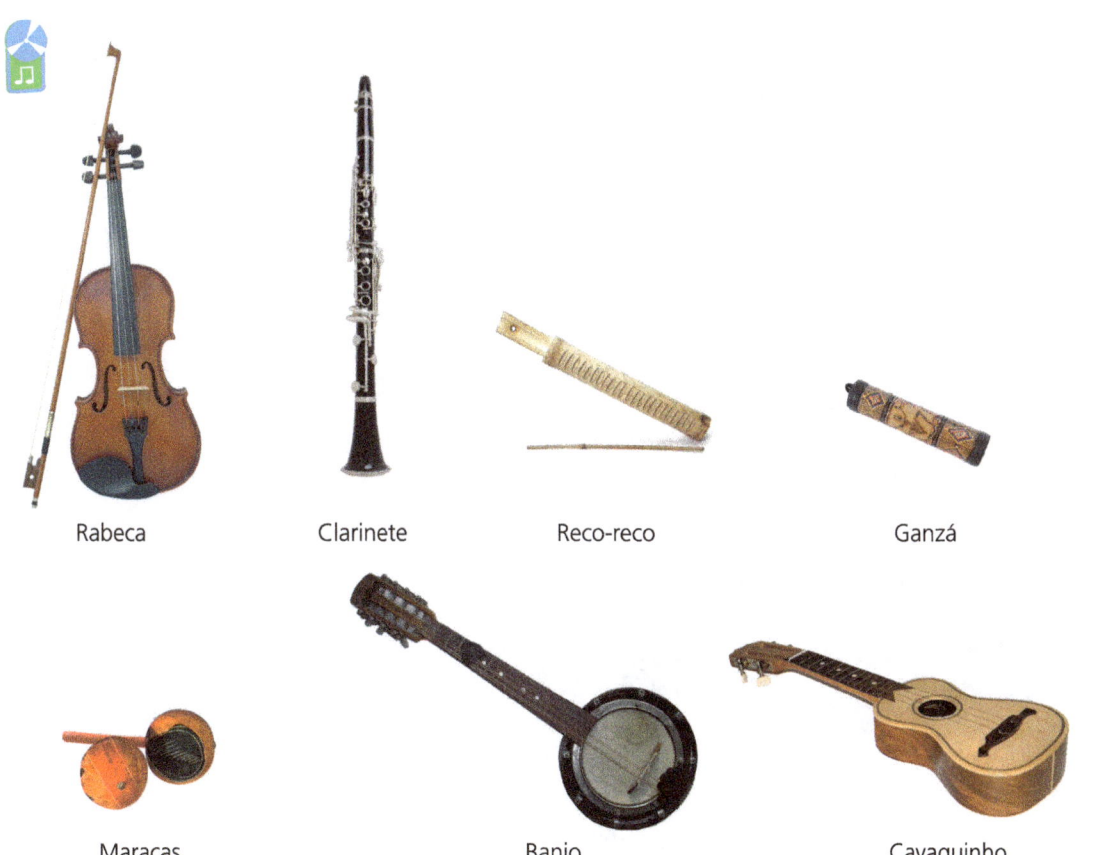

Rabeca • Clarinete • Reco-reco • Ganzá

Maracas • Banjo • Cavaquinho

VAMOS CONSTRUIR

1. Vamos construir um ganzá:
   - Você vai precisar de duas latinhas iguais, botões pequenos ou pedrinhas e fita adesiva.
   - Coloque os botões ou pedrinhas dentro das latinhas e cole as aberturas das duas, unindo-as.
   - Enfeite o seu ganzá.

2. A que família de instrumentos pertence o ganzá?

LIÇÃO 7

Revisando...

Veja como são representadas as figuras rítmicas dos sons longos e dos sons curtos na escrita musical.

Virinaflora

som longo → → ♩ → uma **semínima**

som curto → → ♫ → duas **colcheias**

Uma colcheia se escreve assim: ♪

1 Execute, utilizando palmas, os seguintes trechos rítmicos. Em seguida, vamos trocar os desenhos por notas da escrita musical.

Ilustrações: Virinaflora

a) ______________________

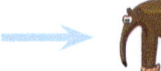

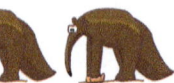

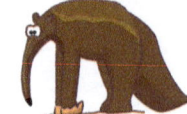

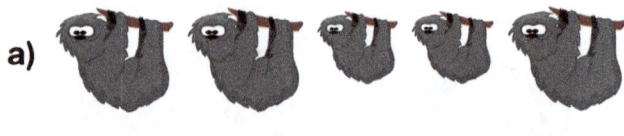

b) ______________________

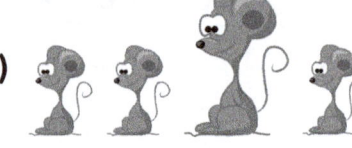

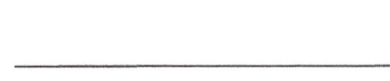

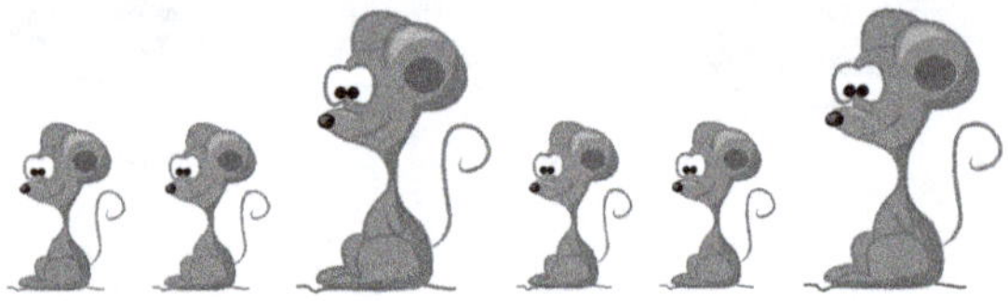

c) ______________________

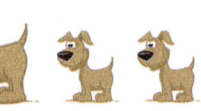

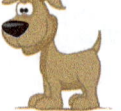

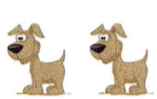

d) ______________________

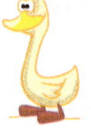

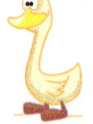

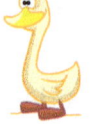

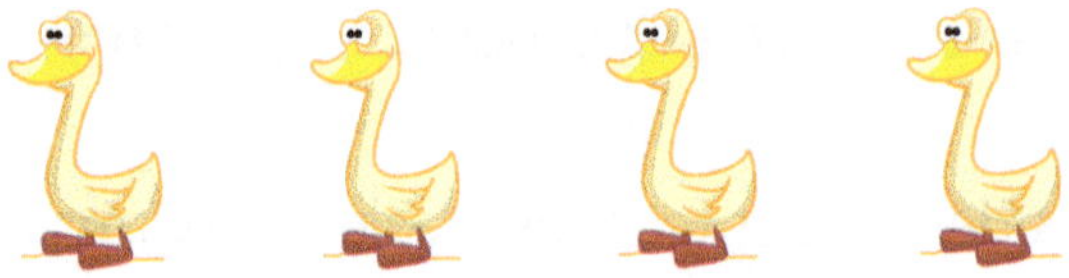

e) ______________________

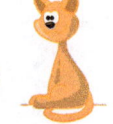

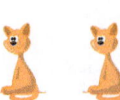

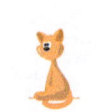

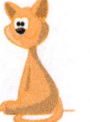

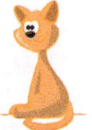

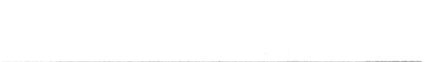

2 Com o ganzá, vamos executar os seguintes trechos rítmicos.

a)

b)

c)

d)

e)

f)

3 Juntos, vamos fazer o seguinte ostinato rítmico. **Ostinato** é o mesmo trecho rítmico tocado repetidamente para acompanhar uma música.

Escolha uma música que todos conheçam e toque com o ganzá o ostinato acima.

a) Primeiro, toquem com o ganzá o ostinato rítmico.

b) Todos os alunos tocam e cantam a música escolhida.

c) A seguir, a classe será dividida em dois grupos: um irá tocar o ganzá e o outro irá cantar.

d) Escolham outra música e executem-na com o mesmo ostinato rítmico.

e) Executem outro ostinato ou trecho rítmico utilizando a mesma música.

f) Escolham músicas diferentes e ostinatos rítmicos diversos.

As claves

Na música, utilizamos a pauta para escrever as notas. As notas representam os sons que vamos executar, seja tocando um instrumento ou cantando.

Para saber o lugar de uma nota na pauta, precisamos primeiramente observar qual é a clave escrita no início do pentagrama. A clave determina o lugar de cada nota.

Existem três diferentes claves: clave de fá, clave de dó e clave de sol. As claves de fá e de dó podem ser usadas em diferentes linhas: clave de fá na 3ª ou na 4ª linhas; clave de dó na 2ª, 3ª ou 4ª linhas; já a clave de sol fica sempre na 2ª linha.

As claves mais usadas são: clave de sol na segunda linha e a clave de fá na quarta linha.

O sinal gráfico das claves surgiu das letras que representam seus nomes na notação musical: a clave de fá, da letra **F**; a clave de dó, da **C**; e a clave de sol, da letra **G**.

Na clave de sol, as notas são dispostas tendo como referência a nota sol, que fica na segunda linha. A disposição das notas é:

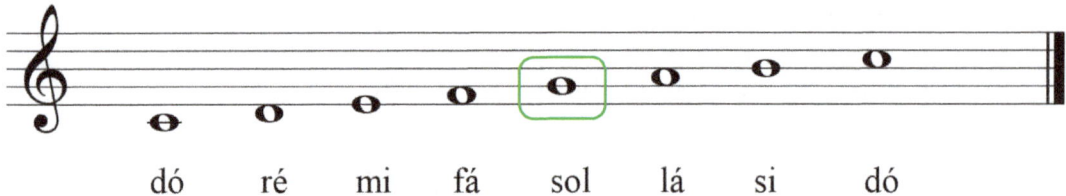

Os instrumentos de sons agudos, como o violino, a flauta doce e a flauta transversal leem as notas na clave de sol.

Já os instrumentos de sons graves, como o contrabaixo, o violoncelo e a tuba leem as notas na clave de fá.

1. Desenhe a clave de sol em vários tamanhos.

2. Desenhe as três claves de acordo com a indicação nos quadros.

Clave de fá   Clave de dó   Clave de sol

3. Agora, desenhe nas pautas as três claves seguindo as indicações.

clave de sol   clave de fá na 3ª linha   clave de dó na 3ª linha

4 Observe a partitura a seguir e responda às questões.

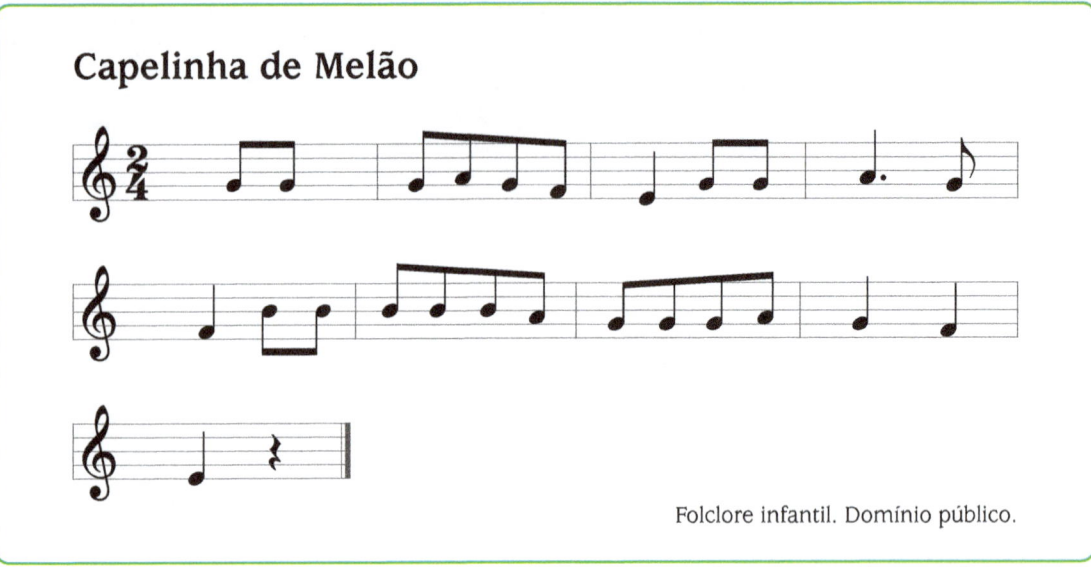

Folclore infantil. Domínio público.

a) Qual é a clave utilizada?

_____

b) Quais são as figuras rítmicas utilizadas que você conhece?

_____

c) Com quais instrumentos essa partitura poderia ser tocada?

_____

d) Quais são as notas da clave de sol utilizadas? Desenhe-as na pauta e nomeie-as:

_____
_____
_____
_____

5 Ditado de notas musicais.

Registre na pauta, no lugar correto, as notas musicais que o professor irá dizer:

_____
_____
_____
_____

LIÇÃO 9

Música popular brasileira: choro

O *choro* ou *chorinho* foi criado a partir da mistura de elementos das danças de salão europeias (como o *schottisch*, a valsa, o minueto e, especialmente, a polca) e da música popular portuguesa, com influências da música africana. No início, era apenas uma maneira mais emotiva, *chorosa*, de interpretar uma melodia, cujos praticantes eram chamados de *chorões*.

A origem do termo "choro" já foi explicada de várias maneiras. Para o folclorista Luís da Câmara Cascudo, esse nome vem de *xolo*, um tipo de baile que reunia os escravos das fazendas. De *xolo,* o termo teria finalmente chegado a *choro*. Ary Vasconcelos sugere que o termo liga-se à corporação musical dos choromeleiros, muito atuantes no período colonial. José Ramos Tinhorão explica a origem do termo "choro" por meio da sensação de melancolia transmitida pelo acompanhamento da região grave do violão. Já o músico Henrique Cazes diz que o termo surgiu desse jeito sentimental de "abrasileirar" as danças europeias.

Vários músicos e compositores contribuíram para a formação inicial do choro. Autor da polca *Flor amorosa*, que é tocada até hoje pelos chorões, **Joaquim Antônio da Silva Callado** foi professor de flauta do Conservatório de Música do Rio de Janeiro. De seu grupo fazia parte a maestrina **Chiquinha Gonzaga**, não só a primeira chorona, mas também a primeira pianista do gênero. Em 1897, Chiquinha escreveu a música *Corta-jaca*, uma das maiores contribuições ao repertório do choro. Outro pioneiro foi o clarinetista e compositor carioca **Anacleto de Medeiros**, que realizou as primeiras gravações do gênero, em 1902, à frente da Banda do Corpo de Bombeiros.

Nas décadas seguintes tivemos vários músicos que fizeram grandes contribuições ao choro. Um deles foi **Ernesto Nazareth**, autor de clássicos como *Brejeiro*, *Odeon* e *Apanhei-te cavaquinho*. A sofisticação de sua obra era tamanha que só foi integrada ao repertório básico dos chorões nos anos 1940 e 1950 por meio das gravações de Jacob do Bandolim e Garoto.

Chiquinha Gonzaga

Também genial, Alfredo da Rocha Vianna Filho, o **Pixinguinha**, contribuiu diretamente para que o choro encontrasse uma forma definida. Para isso, introduziu elementos da música afro-brasileira e da música rural nas polcas, valsas, tangos e *schottisch* dos chorões. Pixinguinha escreveu choros em duas partes, em vez de três, e, por isso, muitas vezes, foi criticado.

Outra personalidade de peso na história do gênero foi o carioca Jacob Pick Bittencourt, o **Jacob do Bandolim**, famoso não só por seu virtuosismo como instrumentista, mas também pelas rodas de choro que promovia em sua casa, nos anos 1950 e 1960. Isso sem falar na importância de choros de sua autoria, como *Remelexo*, *Noites cariocas* e *Doce de coco*, que fazem parte do repertório clássico do choro.

Da mesma época de Jacob, **Waldir Azevedo** superou-o em termos de sucesso comercial, graças a seu pioneiro cavaquinho e choros de apelo bem popular que veio a compor, como *Brasileirinho* e *Pedacinhos do céu*.

Pixinguinha

Estimulado pelo show *Sarau*, com Paulinho da Viola e o grupo Época de Ouro, o choro conheceu um período de revitalização, nos anos 1970. Não surgiram apenas grupos jovens dedicados ao gênero, como *Os cariocas*, *A fina flor do samba*, *Galo Preto* e *Os Carioquinhas*, mas um novo público se formou, ampliado por clubes de choro criados em Brasília, Recife, Porto Alegre, Belo Horizonte, Goiânia e São Paulo, entre outras cidades. O novo interesse pelo gênero propiciou também a redescoberta de veteranos chorões – Altamiro Carrilho, Copinha e Abel Ferreira –, além de revelar talentos mais jovens, como os bandolinistas Joel Nascimento e Déo Rian.

A partir dos anos 1980, o choro passa a estabelecer conexões musicais com outros gêneros da música popular brasileira, através de obras de influentes compositores e letristas, como Paulinho da Viola e Chico Buarque, ou instrumentistas, como Hermeto Pascoal. Desde a década de 1990, o choro vem recebendo ênfase especial na parceria do violonista e compositor Guinga com o veterano letrista Aldir Blanc, que elevaram o patamar das experiências com o choro vocal. Entre os músicos da atualidade que dedicam considerável parte de seu repertório ao choro, chamam atenção o pianista Leandro Braga, o gaitista Rildo Hora, o clarinetista e saxofonista Nailor Proveta Azevedo e os flautistas Antônio Carlos Carrasqueira e Dirceu Leitte.

Adaptado de Jairo Severiano. *Uma história da música popular brasileira*. São Paulo: Editora 34, 2013.

1 Vamos fazer a "Galeria dos músicos e compositores do choro". Quais os nomes que podemos colocar em nossa galeria?

a) Primeiros músicos e/ou compositores do choro:

b) Três principais músicos do choro da primeira metade do século XX (1900-1950):

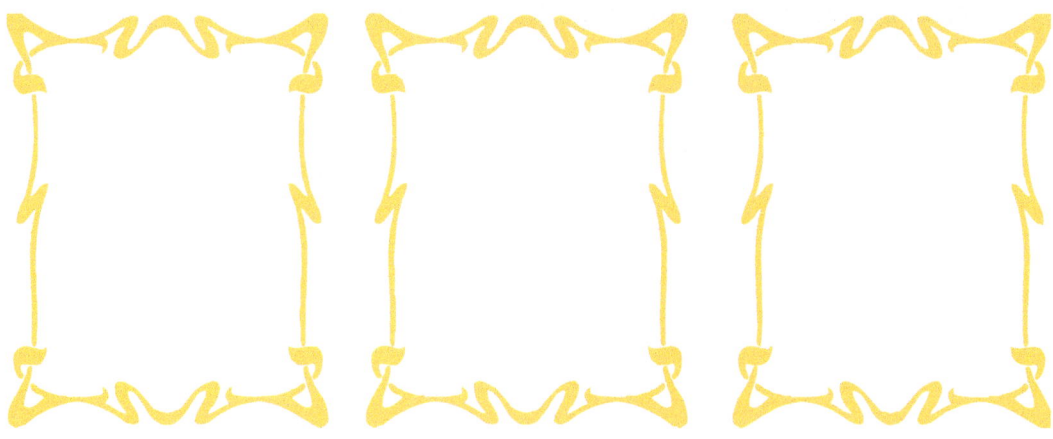

c) Alguns nomes do choro da atualidade:

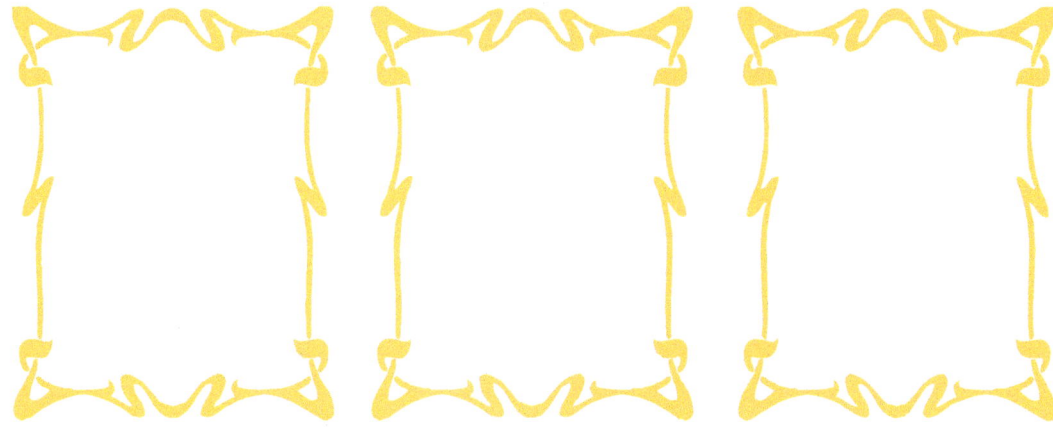

2 Complete as frases de acordo com o texto e, depois, faça a cruzadinha.

1) Os praticantes do chorinho são chamados de: _____

2) Sobrenome do compositor cuja obra era considerada muito sofisticada: _____

3) Ernesto de Nazareth foi autor da música: _____

4) Primeiro nome do compositor e músico Pixinguinha: _____

5) Waldir Azevedo foi autor de uma música muito popular chamada: _____

6) Nome de um dos grupos de choro que surgiu na década de 1970: _____

7) Sobrenome de um dos grandes flautistas do choro: _____

8) A partir da década de 1980, o choro passa a estabelecer novas _____ musicais com outros gêneros de música.

LIÇÃO 9

3 Os instrumentos típicos do choro são:

- Ouça as músicas citadas e responda.

Música: *Corta-Jaca*, de Chiquinha Gonzaga

a) Quais são os instrumentos que aparecem na música?

_____

b) Quais são os instrumentos solistas?

_____

c) As primeiras notas tocadas na música são executadas por qual instrumento?

_____

d) No início da música aparece uma melodia tocada pelo instrumento solista. Descubra se ela se repete.

_____

Música: *Brejeiro*, de Ernesto Nazareth

a) Quais são os instrumentos que aparecem na música?

_____

b) Qual é o instrumento que toca a linha melódica?

_____

c) Descreva o ritmo da música.

_____

LIÇÃO 9

As notas na clave de sol

Dó, Ré, Mi

DÓ um dia é um lindo dia
RÉ reluz é ouro em pó
MI é assim que eu chamo a mim
FÁ é fácil decorar
SOL o grande amigo sol
LÁ é bem longe daqui
SI indica condição
Depois disso vem o DÓ.

(Richard Rodgers e Oscar Hammerstein II)

1 Grife o nome das notas que aparecem na música.

2 Organize o nome das notas segundo o som: do grave para o agudo. A seguir, pinte-as.

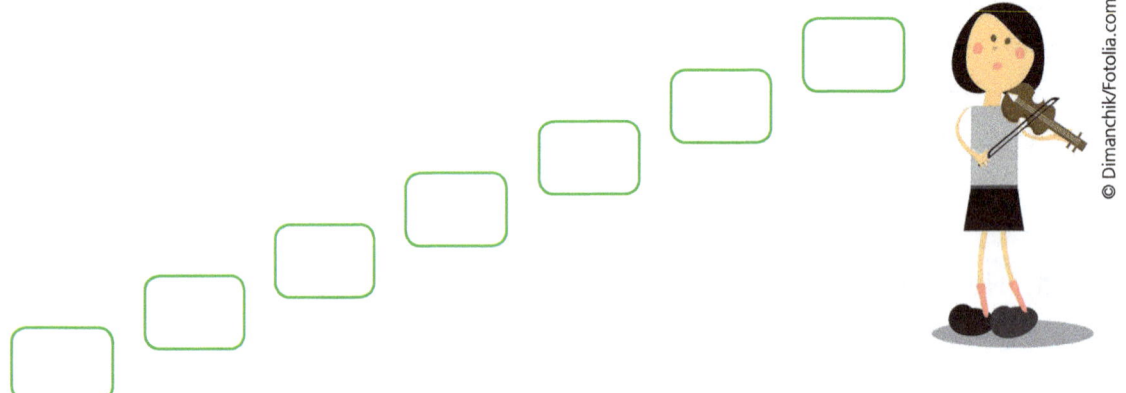

Quando estudamos as claves, vimos que elas determinam o lugar de cada nota no pentagrama. Podemos usar a clave de sol, a clave de fá ou a clave de dó. Em cada uma das claves as notas, mesmo estando no mesmo lugar, têm nomes e sons de alturas diferentes. Observe.

Quando a clave de sol está na segunda linha, o dó central ocupará a primeira linha suplementar inferior.

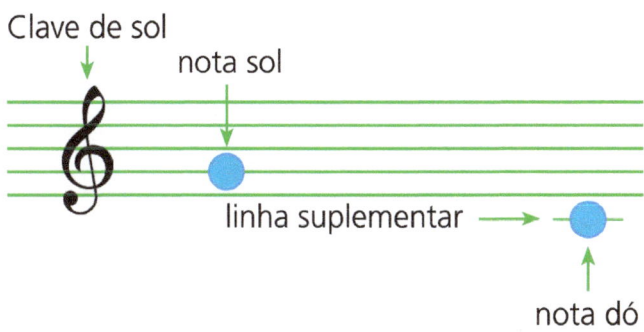

1 Desenhe as notas no pentagrama. Observe a clave.

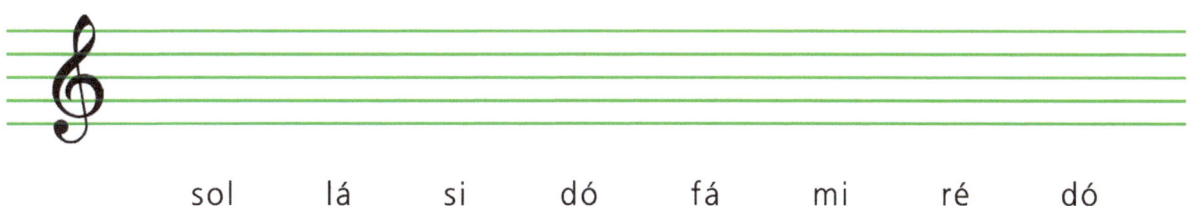

sol   lá   si   dó   fá   mi   ré   dó

2 Escreva as notas no pentagrama dos sons graves para os agudos; a seguir ouça como ficou a sequência.

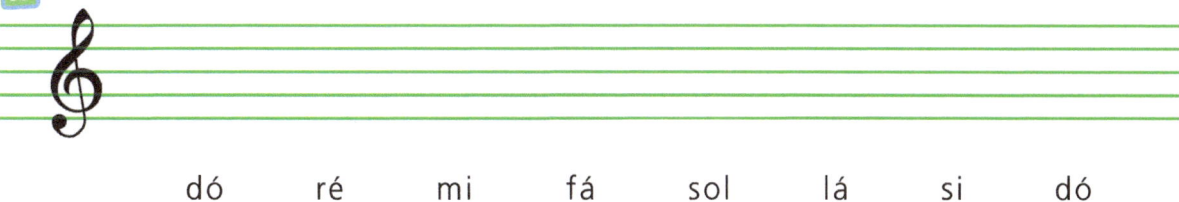

dó   ré   mi   fá   sol   lá   si   dó

3 Utilizando botões, vamos fazer um ditado de notas.

4 Escreva as notas e o nome de cada uma delas.

5 Escreva as notas no pentagrama, segundo o nome dado.

sol   lá   dó   mi   lá   ré   si   dó   sol   lá   mi   ré   fá

mi   fá   sol   lá   fá   ré   mi   lá   dó   si   lá   mi   dó

6 Você ouvirá dois sons. Escreva-os na pauta, segundo a sequência.

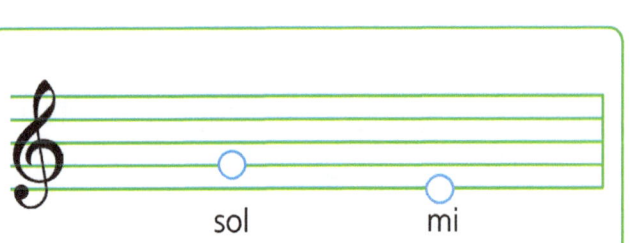

a)

b)

c)

d)

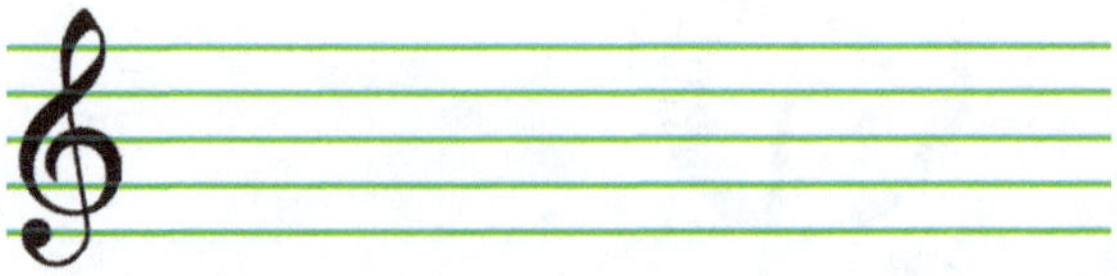

Você se lembra das figuras rítmicas a seguir?

 → uma **semínima**   → duas **colcheias**

Podemos utilizar as figuras rítmicas para indicar a altura. Veja como fica:

7 Identifique os trechos musicais que você ouvirá. Numere-os na sequência.

a)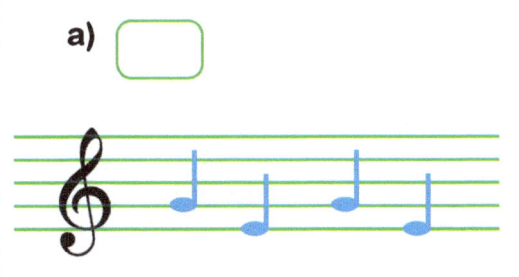

b)

c)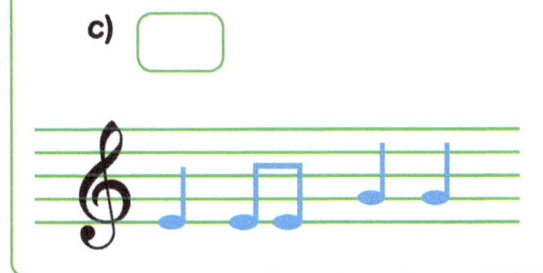

d)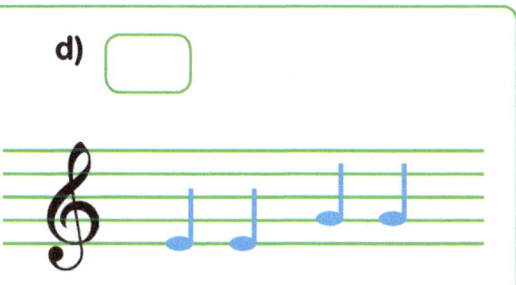

e)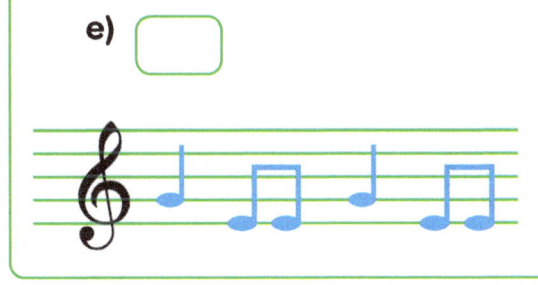

f)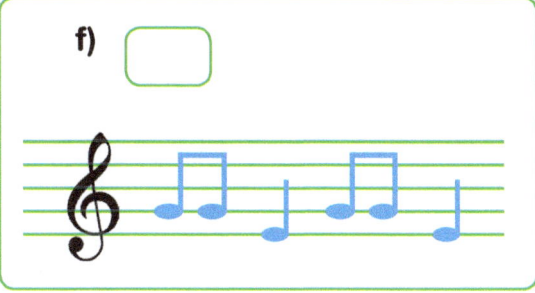

g)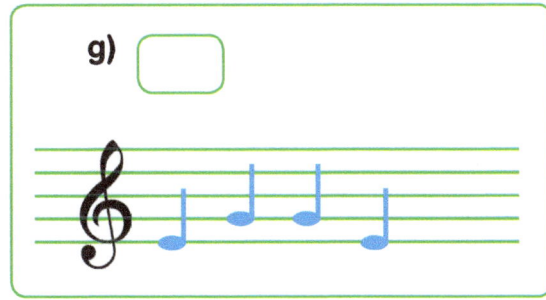

h)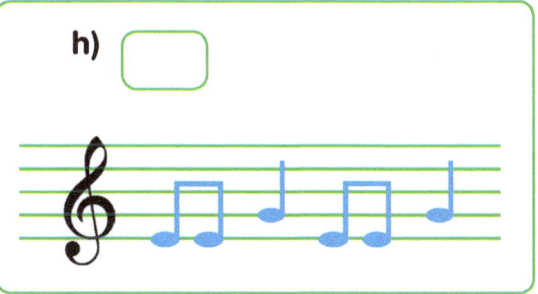

LIÇÃO 10

31

8 Escreva os trechos musicais ouvidos.

a)

b)

c)

d)

e)

f)

9 Crie o seu trecho musical.

LIÇÃO 10

Música popular brasileira: samba

O samba surgiu da mistura de estilos musicais de origem africana e brasileira. O samba é tocado com instrumentos de percussão (tambores, surdos, repinique etc.) acompanhados por violão e cavaquinho. Geralmente, as letras de samba contam a vida e o cotidiano de quem mora nas cidades. O termo "samba" é de origem africana e tem seu significado ligado às danças típicas dos povos daquele continente.

As raízes do samba foram fixadas em solo brasileiro na época do Brasil colonial, com a chegada dos povos africanos aqui escravizados.

O primeiro samba gravado no Brasil foi *Pelo telefone,* no ano de 1917. A letra desse samba foi escrita por Mauro de Almeida e Donga. Tempos depois, o samba tomou as ruas e espalhou-se pelos carnavais do Brasil. Nesse período, os principais sambistas foram: Sinhô, Ismael Silva e Heitor dos Prazeres.

Na década de 1930, as estações de rádio, em plena difusão pelo Brasil, passaram a tocar os sambas. Os grandes sambistas e compositores dessa época foram: Noel Rosa, autor de *Conversa de botequim*; Cartola, de *As rosas não falam*; Dorival Caymmi, de *O que é que a baiana tem?*; Ary Barroso, de *Aquarela do Brasil*; e Adoniran Barbosa, de *Trem das onze*.

Nas décadas de 1970 e 1980, ganhou destaque uma nova geração de sambistas. Podemos destacar: Paulinho da Viola, Jorge Aragão, João Nogueira, Beth Carvalho, Elza Soares, Dona Ivone Lara, Clementina de Jesus, Chico Buarque, João Bosco e Aldir Blanc.

Outros importantes sambistas de todos os tempos: Pixinguinha, Ataulfo Alves, Carmen Miranda, Elton Medeiros, Nelson Cavaquinho, Lupicínio Rodrigues, Aracy de Almeida, Demônios da Garoa, Isaura Garcia, Candeia, Elis Regina, Nelson Sargento, Clara Nunes, Wilson Moreira, Elizeth Cardoso, Jacob do Bandolim e Lamartine Babo.

No dia 2 de dezembro comemora-se o Dia Nacional do Samba.

Há vários tipos de samba. Os principais são:

Samba-enredo: surgiu no Rio de Janeiro durante a década de 1930. O tema está ligado ao assunto que a escola de samba escolhe para o ano do desfile. Geralmente segue temas sociais ou culturais. É ele que define toda a coreografia e cenografia utilizadas no desfile da escola de samba.

Samba de partido alto: com letras improvisadas, fala sobre a realidade dos morros e das regiões mais carentes. É o estilo dos grandes mestres do samba. Entre os compositores de partido alto mais conhecidos estão: Moreira da Silva, Martinho da Vila e Zeca Pagodinho.

Pagode: nasceu na cidade do Rio de Janeiro, nos anos 1970 e ganhou as rádios e pistas de dança na década seguinte. Tem um ritmo repetitivo e utiliza instrumentos de percussão e sons eletrônicos. Espalhou-se rapidamente pelo Brasil, graças às letras simples e românticas.

Samba-canção: surgiu na década de 1920, com ritmos lentos e letras sentimentais e românticas. Exemplo: *Ai, ioiô* (1929), de Luís Peixoto.

Samba carnavalesco: marchinhas e sambas feitos para dançar e cantar nos bailes carnavalescos, como *Ô abre alas*, *Apaga a vela*, *Aurora*, *Balancê*, *Cabeleira do Zezé*, *Bandeira branca*, *Chiquita Bacana*, *Colombina*, *Cidade maravilhosa*, entre outros.

Samba-exaltação: com letras patrióticas e ressaltando as maravilhas do Brasil, com acompanhamento de orquestra. Exemplo: *Aquarela do Brasil*, de Ary Barroso, gravada em 1939 por Francisco Alves.

Samba de breque: esse estilo tem momentos de paradas rápidas, onde o cantor pode incluir comentários, muitos deles em tom crítico ou humorístico. Um dos mestres desse estilo é Moreira da Silva.

Samba de gafieira: criado na década de 1940, tem acompanhamento de orquestra. Rápido e muito forte na parte instrumental, é muito usado nas danças de salão.

Sambalanço: surgiu na década de 1950 em boates de São Paulo e Rio de Janeiro. Recebeu uma grande influência do *jazz*. Um dos mais significativos representantes do sambalanço é Jorge Ben Jor, que mistura também elementos de outros estilos.

Disponível em: < www.suapesquisa.com/samba > Acesso em: 3 set. 2013.

1 Marque **V** para informação verdadeira e **F** para informação falsa.

a) ☐ O samba surgiu da mistura de estilos musicais de origem africana e brasileira.

b) ☐ O samba é tocado com os instrumentos da família das cordas, dos metais e das madeiras.

c) ☐ A letra dos sambas fala sobre as festividades e comemorações das pessoas que moram nas cidades.

d) ☐ O primeiro samba gravado no Brasil foi *Pelo telefone* no ano de 1917.

e) ☐ Na década de 1950, os programas de televisão, em plena difusão pelo Brasil, passaram a incluir o samba em suas programações.

f) ☐ Nas décadas de 1970 e 1980, ganhou destaque uma nova geração de sambistas. Podemos citar: Paulinho da Viola, Jorge Aragão, João Nogueira, Beth Carvalho, Elza Soares, Dona Ivone Lara, Clementina de Jesus, Chico Buarque, João Bosco e Aldir Blanc.

g) ☐ No dia 10 de dezembro comemoramos o Dia Nacional do Samba.

2 Responda às questões.

- O texto fala sobre importantes sambistas de todos os tempos. Cite-os:

  _____

  _____

- Há vários tipos de samba. Cite os principais:

  _____

  _____

- Você conhece algum dos tipos de samba citados acima. Quais?

  _____

  _____

3 O texto nos diz que, na década de 1930, tivemos grandes sambistas e compositores, como: Noel Rosa e Dorival Caymmi, entre outros. Esses compositores fizeram algumas músicas que são tocadas até hoje, foram regravadas por outros artistas e fazem parte do acervo de muitas pessoas. Vamos ouvir trechos de algumas dessas músicas:

- Noel Rosa – *Conversa de botequim*;
- Dorival Caymmi – *O que é que a baiana tem?*.

4 Converse com as pessoas da sua família e pergunte quais músicas dessa época que elas conhecem. Registre o que você descobrir.

_____

_____

_____

LIÇÃO 11

Instrumentos musicais: leitura na clave de sol

A clave de sol juntamente com a clave de fá na quarta linha são as claves mais utilizadas atualmente. Em algumas partituras antigas ou para fins de estudo, principalmente na França, podemos encontrar a clave de sol na primeira linha, representando uma tessitura um pouco mais aguda do que a clave de sol na segunda linha.

Como vimos anteriormente, quando a clave de sol está na segunda linha, o dó central do piano ocupará a primeira linha suplementar inferior.

Linha suplementar são as linhas acrescentadas abaixo ou acima da pauta. Podem aparecer até cinco linhas suplementares, também chamadas de "complementares" ou "auxiliares". No dó (1ª nota) aparece apenas uma linha, porque essa nota fica na 1ª linha suplementar inferior.

Por esta razão, a clave de sol é utilizada nos seguintes casos: para representar a mão direita em instrumentos de teclado como piano, teclado, cravo etc.; na maior parte dos instrumentos da família das madeiras, como a flauta, o clarinete e o oboé; e em instrumentos mais agudos da família dos metais, como o trompete e a trompa, bem como o violino e o violão e em alguns instrumentos de percussão que obedecem à série harmônica. Em um grupo coral, as vozes mais agudas, como o soprano, o contralto e o tenor, também são normalmente escritas em clave de sol. Assim, instrumentos que possuem sons agudos leem as notas musicais na clave de sol. Já os instrumentos com sons graves leem as notas na clave de fá.

1 Numere o som dos instrumentos na sequência em que os ouvir e, em seguida, assinale os que usam a clave de sol.

- ( ) flauta transversal ☐
- ( ) trompete ☐
- ( ) clarinete ☐
- ( ) piano ☐
- ( ) violino ☐
- ( ) trompa ☐
- ( ) violoncelo ☐
- ( ) viola ☐

2 Observe um trecho da partitura para flauta doce da música *Jingle Bells* e responda às questões.

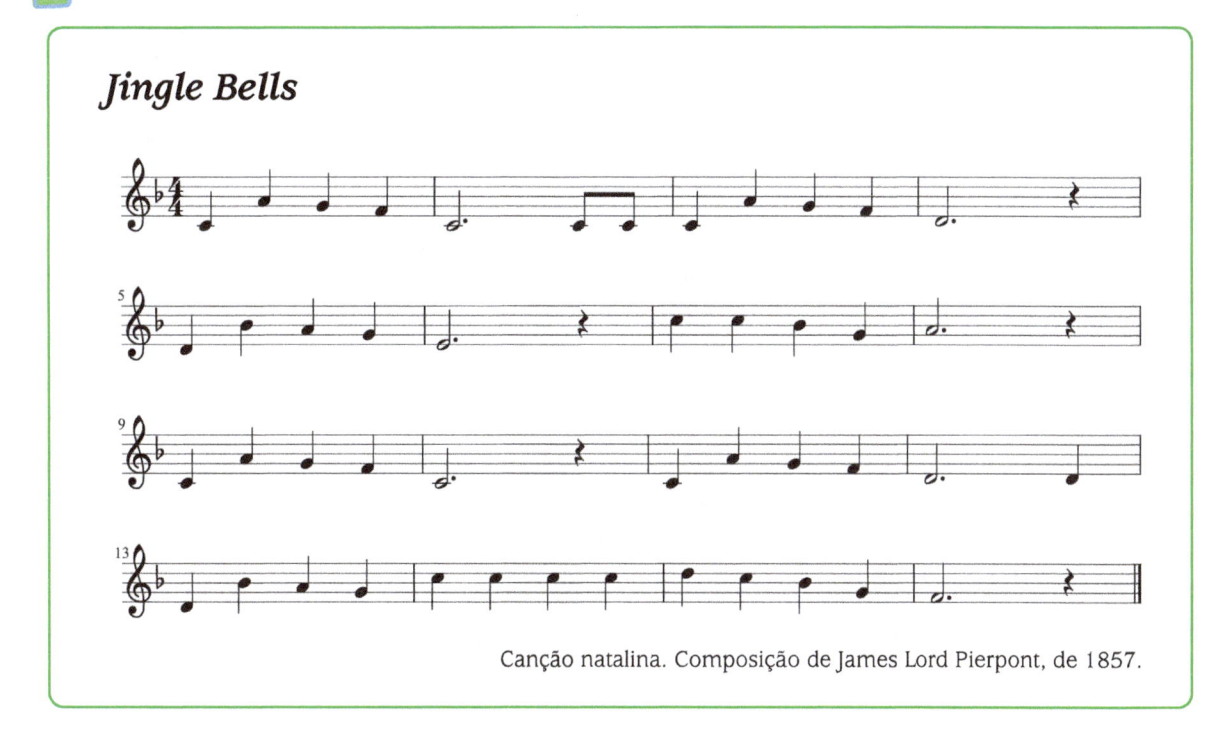

Jingle Bells

Canção natalina. Composição de James Lord Pierpont, de 1857.

a) Qual é a clave utilizada?

_____

b) De acordo com o que aprendemos, a clave empregada para a leitura nesses instrumentos está correta? Por quê?

_____

_____

c) Quais são as figuras de valor utilizadas que você conhece?

_____

_____

d) Quais são as notas (altura) que aparecem na música? Escreva-as no pentagrama a seguir:

LIÇÃO 12

e) Escreva o trecho rítmico do compasso três ao cinco e, a seguir, execute-o com palmas.

_____

3 Observe a sequência das notas de dó a dó. Chamamos de **escala** uma série sucessiva de oito sons. Se a escala começa em dó, ela é chamada de escala de dó.

Em uma escala, cada nota é representada por uma indicação de números romanos que chamamos de **graus**. Esses graus indicam a sequência na escala, se o som é o primeiro, terceiro, quarto som. Assim, temos.

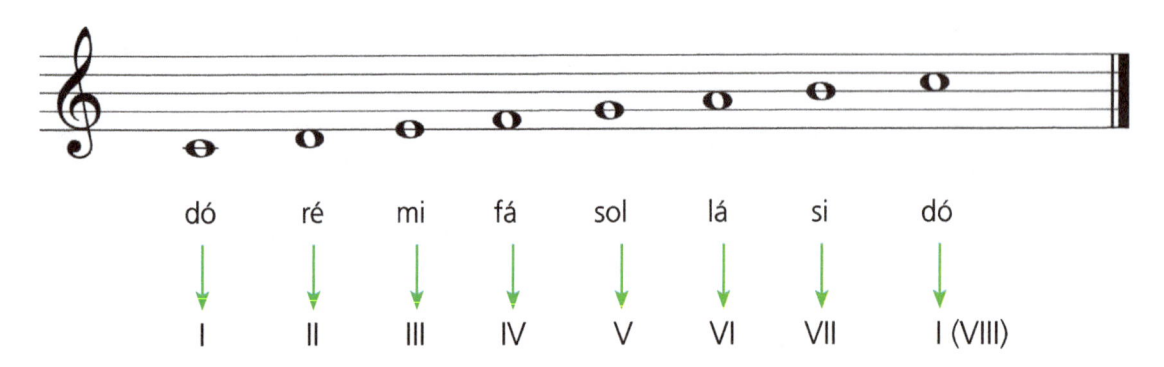

dó	ré	mi	fá	sol	lá	si	dó
I	II	III	IV	V	VI	VII	I (VIII)

Vamos cantar juntos a sequência da escala de dó, bem como alguns graus: I, III e V, do I ao V etc.

4 Ouça trechos com diferentes graus. Numere-os de acordo com a sequência que ouviu.

a) ( ) I ao VIII grau.

b) ( ) I, III, V.

c) ( ) I, III, V, VIII.

d) ( ) I, II, III, IV e V.

e) ( ) I, II, III, II, I.

LIÇÃO 13

Música popular brasileira: bossa-nova

"Bossa-nova" é um movimento da música popular brasileira surgido no final da década de 1950 no Rio de Janeiro. De início, o termo era apenas relativo a um novo modo de cantar e tocar samba naquela época. Anos depois, a bossa-nova se tornaria um dos gêneros musicais brasileiros mais conhecidos em todo o mundo, especialmente associado a João Gilberto, Vinicius de Moraes, Antônio Carlos Jobim e Luiz Bonfá.

A palavra **bossa** apareceu pela primeira vez na década de 1930, em *Coisas nossas*, samba do popular cantor Noel Rosa: "O samba, a prontidão/e outras bossas,/são nossas coisas (...)". Embora tenha influência da música estrangeira, como o *jazz* americano, a bossa-nova possui elementos do samba.

Um embrião do movimento, já na década de 1950, eram as reuniões casuais, fruto de encontros de um grupo de músicos da classe média carioca em apartamentos da zona sul, como o de Nara Leão, na Avenida Atlântica, em Copacabana. Nesses encontros, cada vez mais frequentes a partir de 1957, um grupo se reunia para fazer e ouvir música. Dentre os participantes estavam novos compositores da música brasileira, como Billy Blanco, Carlos Lyra, Roberto Menescal e Sérgio Ricardo, entre outros. O grupo foi aumentando, abraçando também Chico Feitosa, João Gilberto, Luiz Carlos Vinhas, Ronaldo Bôscoli, entre outros.

A bossa-nova foi o primeiro movimento musical brasileiro vindo das faculdades, já que os primeiros concertos foram realizados em âmbito universitário. Pouco a pouco foi ocupando os bares do circuito de Copacabana.

A bossa-nova tinha como característica letras de músicas que, contrastando com os sucessos de até então, abordavam temáticas leves e descompromissadas, como exemplo *Meditação*, de Tom Jobim e Newton Mendonça; a forma de cantar também se diferenciava da que se tinha na época. Segundo o maestro Júlio Medaglia, "desenvolver-se-ia a prática do *canto-falado* ou do *cantar baixinho*, do texto bem pronunciado, do tom coloquial da narrativa musical, do acompanhamento e canto integrando-se mutuamente, em lugar da valorização da 'grande voz'".

Para muitos críticos, a bossa-nova iniciou-se quando foi lançado, em agosto de 1958, um compacto simples do violonista baiano João Gilberto, considerado o papa do movimento, contendo as canções *Chega de saudade* (Tom Jobim e Vinicius de Moraes) e *Bim bom* (do próprio cantor). Esse LP não foi um sucesso de imediato, mas pode ser considerado um dos marcos da bossa-nova.

Em 1959, foi lançado o primeiro LP de João Gilberto, *Chega de saudade*, contendo a faixa-título, música que teve mais de 100 regravações por artistas brasileiros e estrangeiros. A partir daí, a bossa-nova foi uma realidade. Além de João, parte do repertório clássico do movimento deve-se às parcerias de Tom Jobim e Vinicius de Moraes. Além de *Chega de saudade*, os dois compuseram *Garota de Ipanema*, outra representativa canção da bossa-nova e que se tornou a canção brasileira mais conhecida em todo o mundo, depois de *Aquarela do Brasil* (Ary Barroso), e que teve mais de 169 gravações.

Em meados da década de 1960, o movimento apresentaria uma espécie de cisão ideológica. Inspirado em uma visão popular e nacionalista, um grupo de músicos da bossa-nova fez uma crítica das influências do *jazz* norte-americano na bossa-nova e propôs uma reaproximação com compositores de morro, como o sambista Zé Ketti. Um dos pilares da bossa, Carlos Lyra, aderiu a essa corrente, assim como Nara Leão, que promoveu parcerias com artistas do samba como Cartola e Nelson Cavaquinho e de baião e xote nordestinos como João do Vale.

Em 1965, Vinicius de Moraes compôs, com Edu Lobo, *Arrastão*, sendo considerada um dos marcos do fim do movimento. Era o fim da bossa-nova, mas o início do que se rotularia MPB, gênero que abarcaria diversas tendências da música brasileira até o início da década de 1980, época em que surgiu um *pop rock* nacional renovado.

Hoje em dia, inúmeros concertos dedicados à bossa-nova são realizados, entre os quais, entre 2000 e 2001, intitulados 40 anos de bossa-nova, com Roberto Menescal e Wanda Sá. O fim cronológico da bossa não significou a sua extinção. O movimento bossa-nova foi uma grande referência para gerações posteriores de artistas.

Adaptado de Jairo Severiano. *Uma história da música popular brasileira*.
São Paulo: Editora 34, 2013.

1 Consulte o texto e escreva os principais fatos históricos relacionados à bossa-nova, segundo a cronologia dada.

1950
_____

1957
_____

1958
_____

1959
_____

1960
_____

1965

_____

2001

_____

2. Siga as coordenadas do quadro a seguir e descubra as informações solicitadas.

	1	2	3	4	5	6	7
A	J	D	P	H	S	R	K
B	E	N	R	V	O	D	U
C	L	I	A	I	Ç	A	P
D	G	O	N	S	Z	M	A
E	M	Y	J	X	B	X	F
F	Q	C	P	M	S	L	T

a) O movimento musical da bossa-nova teve início no:

B3	C4	D2		B6	B1		E3	D7	D3	B1	C4	A6	B5
R	I	O		D	E		J	A	N	E	I	R	O

b) Um dos nomes ligados à bossa-nova:

A1	B5	D7	D2		D1	C4	F6	E5	B1	A6	F7	D2
J	O	A	O		G	I	L	B	E	R	T	O

c) Música conhecida por todo o mundo, com 169 diferentes regravações:

D1	C6	A6	D2	F7	D7		A2	B1		C4	A3	C3	B2	B1	D6	C3
G	A	R	O	T	A		D	E		I	P	A	N	E	M	A

d) Um dos maiores nomes da bossa-nova:

B4	C4	D3	C2	F2	C4	B7	D4		B6	B1		F4	B5	B3	C3	B1	D4
V	I	N	I	C	I	U	S		D	E		M	O	R	A	E	S

LIÇÃO 13

LIÇÃO 14

Figuras de valor: silêncio

Na música não apenas os sons são importantes, mas também o silêncio. Quando, por exemplo, um compositor quer dar mais importância a alguma nota ou trecho musical, um dos recursos que ele utiliza é o silêncio.

O silêncio na música é representado por pausa. Cada figura de valor (nota musical) tem uma pausa correspondente. Isso significa que vamos fazer silêncio com a mesma duração que fazemos um determinado som. Veja a seguir duas dessas figuras e pausas:

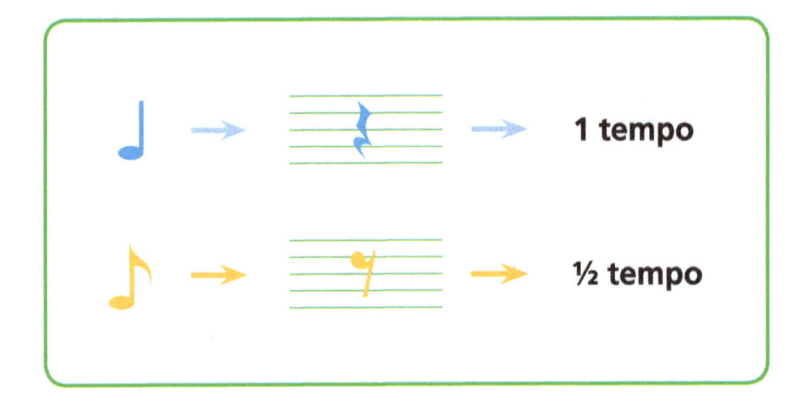

♩ → 𝄽 → 1 tempo

♪ → 𝄾 → ½ tempo

1 Observe, nas partituras, os elementos musicais que você já conhece. Circule as pausas.

2 Vamos estudar a pausa da semínima executando os trechos rítmicos a seguir.

a) ♩ ♩ 𝄽 ♩

b) ♩ 𝄽 ♪ ♪ ♩

c) ♪ ♪ ♪ 𝄽 ♩

d) ♩ ♪ ♪ 𝄽 ♩

3 Ditado rítmico.

a) _____

b) _____

c) _____

d) _____

e) _____

4 Numere a sequência de acordo com o que você irá ouvir.

a) ◯ ♩ ♩ 𝄽 ♩   b) ◯ ♪ ♪ ♩ 𝄽 ♩

c) ◯ ♪ ♪ 𝄽 ♩ ♩   d) ◯ ♩ ♪ ♪ 𝄽 ♩

e) ◯ ♩ 𝄽 ♩ ♩   f) ◯ ♪ ♪ ♩ 𝄽 ♪ ♪

5 Crie os seus trechos rítmicos utilizando as pausas.

a) _____

b) _____

c) _____

d) _____

e) _____

LIÇÃO 15

Música popular brasileira: década de 1960 até os nossos dias

Na década de 1960, abriram-se as portas do sucesso para novos compositores, músicos e cantores. Eles fixaram a moderna canção brasileira iniciada com o movimento da "bossa-nova". O primeiro deles foi o compositor Edu Lobo, seguido por Chico Buarque, Milton Nascimento, Caetano Veloso, Gilberto Gil, Paulinho da Viola, Jorge Ben (conhecido hoje como Jorge Ben Jor), Tim Maia, Elis Regina, Nara Leão, Gal Costa, Maria Bethânia e Quarteto em Cy.

Caetano Veloso, Gilberto Gil, Gal Costa, Maria Bethânia foram alguns dos ícones de um movimento musical chamado "tropicália", que aconteceu nos fins dos anos 1960. O tropicalismo misturava influências da música *pop* internacional, em especial dos Beatles, com a utilização do instrumental eletroeletrônico. Músicas como *Alegria, alegria* e *Domingo no parque* foram marcos da tropicália.

Também na década de 1960 surgiu a "jovem guarda", tendo Roberto Carlos, Erasmo Carlos, Wanderléa, Vanusa, Eduardo Araújo, Silvinha e muitos outros como representantes. Os integrantes desse movimento foram influenciados pelo *rock and roll* das décadas de 1950 e 1960. Além da música, roupas e acessórios no estilo da jovem guarda fizeram moda na época. Foi um movimento musical que agradou pessoas de todas as idades.

Os anos 1980 foram marcados pelo *rock* brasileiro. Grupos como Blitz, Paralamas do Sucesso, Kid Abelha e os Abóboras Selvagens, Barão Vermelho, Ultraje a Rigor, RPM, Titãs, Engenheiros do Hawaii, Nenhum de Nós, Legião Urbana e Capital Inicial marcaram esse período.

Também tivemos a volta da música sertaneja. Esse gênero de música teve suas raízes na década de 1920. Era conhecido como a música do interior, das fazendas, em que o instrumento principal era a viola e cantado por uma dupla, chamada dupla caipira. Nos anos 1980 houve uma explosão comercial da música sertaneja, apareceram nomes como Chitãozinho e Xororó, Leandro e Leonardo, Zezé Di Camargo e Luciano, Crystian e Ralf, João Paulo e Daniel e muitos outros. Nos anos 2000 surgiu uma nova modalidade de sertanejo, o "sertanejo universitário", com ritmo mais acelerado e instrumentos eletrônicos. Nomes como Luan Santana, Maria Cecília e Rodolfo, e artistas já conhecidos como Bruno e Marrone, Edson e Hudson, Victor e Leo fazem parte desse gênero.

Também na década de 1980 reapareceu o "pagode", samba feito por grupos musicais. Nessa época de roupagem mais comercial, além da mistura do samba com outros gêneros musicais, os grupos preocupavam-se com o figurino e com a coreografia das músicas. Grupos como Fundo de Quintal, Grupo Raça, e cantores como Jorge Aragão e Zeca Pagodinho são dessa época.

No início dos anos 2000, vimos tomar conta das ruas o axé *music*, que teve origem no carnaval de Salvador na década de 1980. Daniela Mercury, Ivete Sangalo e Margareth Menezes são ícones desse gênero.

Em nossos dias, podemos ouvir uma diversidade de gêneros musicais: música eletrônica, samba, *rap*, sertanejo, *gospel* etc. Antes, só ouvíamos música nas rádios, TV ou se comprássemos um LP ou CD. Hoje, podemos baixar da internet e ter acesso a compositores e artistas de diferentes gêneros e estilos musicais.

Adaptado de Jairo Severiano. *Uma história da música popular brasileira*. São Paulo: Editora 34, 2013.

1 Releia o texto e cite os movimentos musicais presentes nas seguintes décadas.

a) Década de 1960.

_____

_____

b) Década de 1980.

_____

_____

c) Década de 2000.

_____

_____

d) Nossos dias.

_____

_____

2 Cite dois nomes (de músicos ou de compositores) para cada um dos gêneros musicais a seguir.

JOVEM GUARDA	
MÚSICA SERTANEJA	
PAGODE	
ROCK BRASILEIRO	
AXÉ MUSIC	

3 Vamos ouvir algumas músicas dos diferentes gêneros estudados. Anote o nome das músicas que você ouviu e quem as interpretou (cantor ou grupo).

a) _____

_____

_____

_____

LIÇÃO 15

b) _____
_____
_____
_____

c) _____
_____
_____
_____

d) _____
_____
_____
_____

4 Em nossos dias podemos ouvir uma diversidade de gêneros musicais. Então.

  a) Qual é o gênero musical que você mais gosta de ouvir?
  _____

  b) Qual é o gênero musical que seus colegas mais gostam de ouvir?

   Colega 1: _____
   Colega 2: _____
   Colega 3: _____

  c) Discutam e registrem a seguir qual é o gênero musical mais ouvido em sua turma:
  _____

  d) E em sua casa, qual é o gênero musical mais ouvido por seus familiares?
  _____
  _____
  _____

Referências

PANNAIN, Elce. *Evolução da teoria musical*. São Paulo: Ricordi, 1975.

SEVERIANO, Jairo. *Uma história da música popular brasileira*. 3 ed. São Paulo: Editora 34, 2013.

Sua pesquisa. Disponível em: <www.suapesquisa.com/samba>. Acesso em: 3 set. 2013.

Sugestões de leitura

Coleção crianças famosas: Bach, Handel, Mozart, Chopin, Villa-Lobos, Hayden, Brahms, Schubert, Schumann e Tchaikovsky. Susan Hellard, Ann Rachlin. São Paulo: Callis, 1993-2010.

Coleção mestres da música: Beethoven, Tchaikovsky, Bach, Mozart. Mike Venezia. São Paulo: Moderna, 1999.

Coleção mestres da música no Brasil: Chiquinha Gonzaga, Caetano Veloso, Pixinguinha, Gilberto Gil, Chico Buarque, Villa-Lobos. Vários autores. São Paulo: Moderna, 2002-2006.

História da música em quadrinho. Michael Sadler, Denys Lemery e Bernard Deyries. São Paulo: Martins Fontes, 2010.

História da música popular brasileira para crianças. Simone Cit. Edição da autora, 2006.

A orquestra tintim por tintim. Liane Hentschke, Susana Ester Kruger, Luciana Del Ben, Elisa da Silva e Cunha. São Paulo: Moderna, 2005.